MW01227503

ÍNDICE

DEDICATORIA

Dedico de todo corazón el presente poemario a mis adorados sobrinos Ulises Loría Sondey y Katarzina Nazarko, quienes viajaron desde Polonia no solamente para visitarnos, sino que vinieron para obsequiar su amor y magnánimo corazón. ¡Gracias *Uli* y *Kitti* por ser personas tan maravillosas y especiales, se les añora con el alma!

Una vez más dedico esta obra poética a mis idolatrados hijos, quienes son el motor que impulsa el corazón y hacen que desarrolle mi mejor versión.

Finalmente me permito dedicar este poemario a mi adorada hija *Prissy* y amada sobrina Raquel, pues me consideran su poeta preferido y disfrutan cada verso con intensa emoción. ¡Gracias infinitas por ser mis fans número uno del mundo!

AGRADECIMIENTO

Agradezco de todo corazón al Creador del universo, quien cada día me regala un nuevo amanecer lleno de salud, felicidad, éxitos y prosperidad al lado de mi bella familia.

TE OCULTAS EN MI UNIVERSO

Te observo dubitativa
mirando turbada al cielo
con la vista contrariada
extraviada en lejanía
oteando naves en vuelo
con una triste sonrisa.

¿Qué escudriñas
en los confines
de mi remoto horizonte?
¿Planeas vivir allí
o tímidamente
te escondes?

Busco apresurado
tu intangible silueta
en mi cosmos secreto
y solo observo de reojo
un gris holograma
como si el éter inquieto
ocultara entre llamas
una presencia discreta.

Quizá aún no conciba
si buscas desesperada
un poco de calor
o si tan solo deseas
un instante de mi amor.

Pero está bien cerrada
la robusta puerta
de mi atrincherada esquina
y no puedo permitir
que con armas
clandestinas
violentes su
invulnerable entrada.

Pero en verdad
ignoraba
que conservas
la llave
y no puedo
evitar
tu ingreso
vedado
y aunque
no quiero
que invadas
mi corazón
ahora soy
tu prisionero
pues posees
las claves
de mi remoto
pasado.

Navegas silente
y taimada
por el espacio
de mi vida
y todo el vasto
universo
sutilmente
se contrae
para que
sigas anclada
en el núcleo
del corazón
y subsistas
adherida
con tu ignota
pasión.

MIEDO DE AMAR

Tienes miedo declarado
para amarme
sin medida
de ser la mujer querida
y envejecer
a mi lado.

Sufriste crueles traiciones
delaciones sin sentido
inhumanas decepciones
causadas
por falsos amores.

Te marcó
el sufrimiento
traicionaron tu confianza
sufriste vil acechanza
y mataron sentimientos.

Te marchitaron el alma
destruyeron el corazón
obnubilaron la razón
y calcinaron
tu confianza.

Ahora no quieres intentarlo
temes una nueva vejación
exterminaron la pasión
y naufragas en el fango.

Debes seguir adelante
ponerlo en manos
de tu divino Dios
porque la vida es breve
dura tan solo un instante
y al menos te mereces
un fragmento de amor.

Ofrezco
un poco
de afecto
tal vez
cure tus heridas
aunque en nadie
confías
para enmendar
ese difícil
trayecto.

Si no
lo intentas
hoy
subsistirás
con la duda
quizá alguien
te escucha
y decida darte
su calor.

No soy el mejor
del insondable
hemisferio
pero llevo implícito
en mi extraño
universo
un poco
de intelecto
para curar
tu desamor.

Y si continúa
el estrés
ante tanta
desventura
sanaré tu
alma pura
con un bálsamo
de fe.

TOCANDO FONDO

Tu vida no caminaba
los narcóticos
la destruían
aniquilaban su anatomía
pues ya no los controlabas.

Nadie sabía la verdad
ignoraban tus tristezas
pero el vicio
de las drogas
pone el orbe de cabeza
es un drama personal.

Dirán algunos desalmados
que caíste en bajo mundo
por un dolor tan profundo
causado por un ser amado.

Muchos ignoran tu pena
y se lavan las manos
son muy malos humanos
pues con saña te condenan.

Se dice
con mucho desdén
que los vicios
te consumen
pero te dejan
en el andén
pues te consideran
lumpen.

De pronto
una energía interna
te ordena cambiar la vida
sales de esa vil caverna
y curas profundas heridas.

Con fuerza
de voluntad
te levantas
de ese fango
es evidente
el cambio
y consigues
tu libertad.

Te dije que no era fácil
pero con la ayuda
de tu sagrado Dios
y una guía sana
sonreirás en la mañana
ya no te muestras
tan frágil
y tienes un nuevo sol.

Hasta ahora
comprendes
que no se prueban
sustancias
psicotrópicas
ni un espumoso licor
que hasta los
estupefacientes
más inofensivos
y sumamente
económicos
causan enorme
adicción.

Te levantas
del bajo mundo
comienzas
una nueva vida
no vagas
a la deriva
y tu futuro
es fecundo.

NO ESTAMOS SOLOS

En un extenso infinito
con millones de galaxias
pareciera una falacia
que el mundo sea fortuito.

Dirán algunos escépticos
que no existen condiciones
en constelaciones alejadas
pues el inexpugnable frío
o el calor en esas regiones
hacen los mundos desérticos.

Si Dios creó el universo
y conocemos su amor
existen seres diversos
alejados de nuestro sol
con rostros grises y tersos
sublimados por rubor.

Habitan en otros mundos
avanzadas civilizaciones
que desarrollan
estudios profundos
y analizan nuestras acciones.

Por eso tanto avistamiento
no hemos estado solos
ya tienen varios milenios
de escudriñar nuestros polos.

Les horroriza conocer
que los seres humanos
nos destruimos entre sí
por las ansias de poder
estamos en agonía
tenemos un pobre planeta
explotado en demasía.

Por ese motivo
no hacen contacto
se limitan a explorar
con sus ovnis
y *caneplas*
para minimizar
el impacto
y no dejarnos
en tinieblas.

Sutilmente
se manifiestan
con inesperados
y bellos orbes
que giran
en su perigeo
en nuestras fotos
y videos
pero ni atención
se les presta.

Existen
entre nosotros
pero no desean
contactarnos
pues dicen
los abducidos
que evitan mostrar
su rostro
para no dañar
los sentidos.

¿Cuál será
su objetivo
al presentarse
en nuestra Tierra?
¿Vendrán en modo
asertivo
o con tambores
de guerra?

DRAMA DEL EMIGRANTE

Todos tienen derecho
de sutilmente buscar
un soñado futuro
de refugiarse en un techo
para sentirse seguros.

Cuando en tu patria
con saña te persiguen
por no pensar como ellos
por denunciar vejaciones
de un tirano gobierno
y no quieres que te obliguen
a sus oscuros deseos
tu seguridad es prioritaria
para evitar que investiguen.

Mejor escapas protegido
por la densa oscuridad
de la madrugada
huyes muy afligido
al recibir una llamada
pues te van a apresar.

Debes desertar sin quejas
pues alguien te delató
te hundirás tras las rejas
de un estado opresor.

La vida allí es un remedo
no debes vivir sumergido
en un terrible submundo
de inacabable opresión
y exacerbadas carencias
pues no tienen la decencia
de suplir tus necesidades
y se sufre de persecución
hambre, torturas y miedo.

Duele ver
en todo
momento
que maltratan
a tu familia
y el estado
no los auxilia
con trabajo
o alimentos.

Dejar la patria
es muy duro
pasando en
el camino
necesidades
y apuros
pero es
mil veces mejor
buscar una
nueva estrella
cambiar
abruptamente
un incierto
destino
y abandonar
la pobreza.

No extrañarás
tu presente
y luego de un duro
comienzo
levantarás
la cabeza
y con ingentes
esfuerzos
gozarás
de la riqueza
ganada
con el sudor
de la frente.

AÑORANZAS

Nuestro amor
se terminó
al no sabernos comprender
discutimos por nimiedades
peleamos por tonterías
echamos a perder la vida
y la tranquilidad del ser.

Nos amamos sin sentido
compartiendo nuestro lecho
caminamos juntos
un enorme trecho
tan solo
para estar unidos.

Convivimos sin condiciones
como dos personas libres
unimos dos corazones
con sueños casi imposibles.

Amamos noche y día
sin pensar en los demás
en ocasiones con alegría
otras veces inmersos
en una turbia ansiedad.

Y los que estaban al lado
ferozmente criticaban
pues sus sueños anhelados
en nada se asemejaban
a nuestro feliz estado.

Era un vivir sin sentido
colmado de oscuros
y trágicos deseos
con temores desconocidos
anexionados al pecho.

Ahora no estás
anclada
a mi presente
existes
en otro mundo
pero ese amor
penitente
y a veces
tan profundo
vivirá siempre
en la mente.

Solo existen
añoranzas
de un sentimiento
extraño
que a veces
era pleno
y en ocasiones
hacía daño
solía llevar
esperanza
o nos acercaba
al averno.

Ya no vives
atada
a mi íntimo
universo
pero te quiero
a morir
y pido
con fervor
al cielo
subsistir
junto a ti
del infinito
a la nada.

NADA TE LLEVARÁS

Nada te llevarás
cuando emprendas
el último viaje
y solo guardarás
en tu equipaje
la ínfima pasión
que conservas
en el núcleo
del corazón.

Atesoras grandes riquezas
minas de oro y diamantes
bellas tierras
junto al mar
una increíble naturaleza
en un paraíso perdido
pero cuando fallezcas
en tu ataúd bruñido
nada de eso cargarás.

Deja de pensar
en inmensas fortunas
amasadas por latifundistas
cargos altos en gobiernos
o jugar de prestamista
pues al cambiar de luna
salpicada de amatista
nada de eso comprará
un fragmento de cielo.

Cuando mueras
llegarán familiares
y amigos cercanos
tan falsos como
una rústica quimera
y como ladrones vulgares
derrocharán bienes paganos.

Despilfarrarán
dinero
venderán
tus posesiones
a precios
muy irrisorios
porque lo que es
sucio
y contradictorio
se tira
por un agujero.

Nada transportarás
a la otra vida
por eso vive
tu día
con mucha
dignidad
como si fuera
el último
de tu diario
transitar.

Y si alcanzas
el cielo
dirás
con inmensa
emoción
que llevas
en la mente
y en el fondo
del pecho
bellos
amaneceres
y pequeños
placeres
como el inefable
perfume
de una trémula
y efímera flor.

AMOR EN TIEMPO DE PANDEMIA

Llegó sin previo aviso
procedente de China
nos trajo mucho dolor
perdimos fieles amigos
pues no había medicinas
se terminó el paraíso
y renunciamos de prisa
a una insensata razón.

Extraviamos la tranquilidad
nos quedamos prisioneros
en la oscuridad del hogar
nos querían obligar
a vivir enclaustrados
en un mundo traicionero
perennemente encerrados
y sin gozar la ansiada paz.

El contagio arreció
millones perdieron
su transitoria vida
tranquilidad o fortunas
se cancelaron los vuelos
entre países del mundo
la existencia transcurrió
entre miedos profundos
lavado frecuente de manos
y asfixiantes mascarillas
hasta que las vacunas
hicieron su aparición.

Luego de dos años
de ese terrible castigo
nos dimos cuenta
de que la calma se pierde
si dejamos entrar en casa
a un extraño coronavirus.

Ese tiempo
de pandemia
nos enseñó
a valorar
una irrisoria
existencia
en toda
su fragilidad.

Ya no existen
contagios masivos
pero algunos
descerebrados
creen que es broma
el amenazante virus
y no solo se exponen
con saña a sí mismos
sino que continúan
cruelmente matando
a seres queridos
no entran
en razón
de que la existencia
es breve
y que si no
se vacunan
acabarán
sus latidos.

El destino
es una paradoja
aunque sentimos
ineludible temor
y la pandemia
nos sonroja
pero a algunas
personas
nos regaló
un maravilloso
y sublime amor.

LENTA MUERTE DEL ORBE

Continuamos quemando
combustibles fósiles
y se incrementa la polución
crece el efecto invernadero
por emisiones
de automóviles
el calor sigue aumentando
se derrite dramáticamente
el hielo de los polos
y fuertes huracanes
azotan el mundo entero.

Hieren más que nunca
los rayos ultravioletas
pues la capa de ozono
se hace más rala
y su protección día a día
se va desvaneciendo
el mismo hombre
explota recursos
a enorme escala
y se va perdiendo
nuestro bello planeta.

Talan montañas enteras
y construyen ciudades
secan mantos acuíferos
para fundar comunidades
y crean empresas mineras.

Descartamos instalaciones
de energías renovables
quemamos con saña
estúpidamente a diario
derivados del petróleo
en forma terca
y deleznable.

¿Acaso no pensamos
en nuestro
vulnerable planeta?
¿O tan solo heredamos
destrucciones
y guerras?

Países agresores
dilapidan
sus gigantescas
reservas
inician mortales
contiendas
para invadir
y saquear
indefensas
tierras
con poderosas
ojivas
someten
a otros pueblos
y los dejan
a la deriva.

Cuidemos
el frágil cielo
porque aún somos
una isla habitable
en el insondable
espacio
no tenemos
a dónde ir
y si aumentamos
las crisis
en forma
irresponsable
solo nos queda
morir
bajo un cruel
apocalipsis.

AMOR PRIMIGENIO

Ese original amor
chapado a la antigua
sutilmente estremece
moléculas exiguas
y me hace delirar
viene implícito
en tu magnánimo pecho
parece no tener techo
como una aurora boreal.

Allí habitan la ternura
trémula pasión
y absoluta bondad
amas con suma dulzura
ofreces candor
sapiencia y fidelidad.

Eres mujer de alma pura
que me adora
sin mezquindad
con inigualable frescura
e inmaculada lealtad.

Regálame tu afecto
primigenio
si crees que lo merezco
pues soy muy imperfecto
y no tengo
aires de genio.

Necesito ese amor
para llegar
al paraíso
dámelo sin temor
en su momento preciso
como fulgurante
hechizo tornasol.

Quiero ser
afortunado
y regocijarme
como niño
inmerso en
ese cariño
y fenecer
a tu lado.

Has que florezca
mi vida
en tu sentimiento
primitivo
lleno de
tierna inocencia
y de una
efímera esencia
que acompañará
mi ser
hasta tu mundo
nativo
sin dejarlo
a la deriva.

NO QUERÍA ROMPER TU CORAZÓN

Te rogué
en forma vehemente
que te alejaras
de mi vida
pero en forma permanente
a mi complicado ser
continuabas adherida.

Me marché para otro lado
ignorando tu cariño
pero me seguías como niño
detrás de un juguete soñado.

Pero ante tanta insistencia
confronté tus acechanzas
perdí de nuevo la paciencia
como antaño la confianza.

Te metiste en mi cama
ignorando sabios consejos
por eso marché tan lejos
dejando atrás ese acoso
olvidé tu reclamo furioso
de la noche a la mañana.

No quería romper
tu sensible corazón
pero ignoraste la frase
y ahora tu alma yace
muy lejos de la pasión.

En la vida se respeta
una férrea decisión
lloras como
alma en pena
por una desatinada
y caprichosa acción.

Continúas
ceñida allí
incólume tras
mis pasos
marcharé
a otro país
dejando atrás
el pasado.

Algún día
entenderás
que si alguien
en el mundo
no quiere ser
para ti
nunca
lo conseguirás
y tendrás
que vivir
en un destierro
profundo
hasta que llegue
tu aciago final.

IMPACTO EN EL ALMA

No esperé
una conclusión
tan dolorosa y radical
luego de gravitar
muchos años a tu lado
pensaba con poca razón
que ni un vil atentado
nos podría separar.

Entonces mi planeta
estéril y diminuto
bruscamente colisionó
contra la ardiente flama
de un satélite extranjero
ominoso como un
oscuro agujero
que absorbió
en un minuto
un ápice de confianza
y de un soplo apagó
la llama de la esperanza.

Perdida en un precipicio
divagaba el alma
amarizando trémula
y carente de frenesí
en un océano sin calma
pues estar sin ti
es el peor de los suplicios.

Impactó mi espectro
contra el pétreo muro
de una amarga soledad
y el ácido del desprecio
acabó con el conjuro
de una triste marioneta
atrapada en vendaval.

No soy nada
sin tu amor
eso bien
lo sabías
pero sin tener
la razón
me dejaste
a la deriva
olvidando
sin pudor
inigualables
momentos
vividos
en armonía
y estrellando
contra el viento
un destrozado
corazón.

Seguiré triste
y solo
vagando por
el espacio
quizá
no encontraré
a mi reina
en su palacio
pero intentaré
vivir
con alegría
y decoro
nunca
claudicaré
porque al llegar
al polo
por fin
entenderé
que el mundo
vacío
no se termina aquí.

¿DÓNDE ESTÁS?

Llegué hasta la puerta
de tu remota morada
con el alma anhelante
colgando de la nada
pero mi necio regreso
murió al instante
pues ya no habitas
en esa llanura
abandonada.

Con el rostro taciturno
y la mirada perdida
en un turbio ocaso
busco tenues señales
de tu escape nocturno
pero nadie
indica la salida
ni ofrece pistas reales.

¿Dónde estás
soñada princesa
y por qué huyes
de mi presencia?

Te diluiste en la noche
como fiera acorralada
te marchaste a la nada
huyendo como fantoche.

Ahora vagas
por el mundo
arrastrando
tus desdichas
ya no eres
la mujer querida
y naufragas
en lo profundo.

¿Por qué
desapareciste
de una tierra
prometida?
¿Soy causante
de esa huida
o solo por odio
lo hiciste?

¿Dónde estás
vida mía?
¿Volaste a otro
continente
o estás
desaparecida?

Solo persisten
despojos
de una insólita
relación
quedan
los restos
absurdamente
calcinados
de un apasionado
amor
y como crueles
testigos
aún conservo
tus miradas
aquellas
que regalaste
al filo
de la madrugada
y que hoy
no son más
que un recuerdo
penitente.

ME MIRAS

Me miras
te observo
me acaricias
suspiro
me besas
deliro
te marchas
me muero.

Poca cosa tengo
sin tu íntima
presencia
somos dos en uno
hasta el final
de los días
eres mi más grande
y apetecida alegría
sin ti mi existencia
es tan solo
una quimera.

Esa mirada enciende
un fuego en mi interior
transmuta el alma
a un dulce paraíso
y me hace soñar
en el momento preciso
antes de que salga
presuroso el sol.

Adoro esas
pupilas ardientes
cuando al llegar el estío
se posan en el rostro mío
y dulcemente
me transportan
de inmediato al poniente.

Mírame
hasta renacer
déjame
sondearte
el alma
enciende en mí
la flama
de un nuevo
amanecer.

Bésame
despacio hoy
embriágame
de tu esencia
hazme perder
la conciencia
satúrame
de tu amor.

Quiéreme
con todo
tu ser
descarga en mí
la pasión
estrújame
el corazón
pero no me dejes
fenecer.

Y si me dejas
inmerso
en esa mirada
perdida
o me regalas
un fragmento
de tu perfumado
y frágil cuerpo
comenzaré
en tu *metaverso*
a ser feliz sin medida.

HASTA EL OCASO

Seguiré marchando
raudo hasta el ocaso
persiguiendo una brizna
de tu atormentado ser
quizá no me sirva
este obstinado paso
pues me deja perdido
en una oscura llovizna
pero seguiré intentando.

Tal vez no valga la pena
luchar por un vano sueño
porque al perseguir
a una mujer engreída
perdía más que la vida
en un estéril empeño
y me alejaba en forma sutil
cada vez más de la alegría.

Camino tras una desertora
sabiendo que en cualquier
recodo de mi senda
perderé la esperanza
pues por más que intente
adherirme a su alianza
seguirá siendo traidora
su fugaz sombra doliente.

No puedo detenerme
continúo tras
sus indecisos pasos
por un mundo imaginario
hasta que fenezca
una flébil ilusión
o aterrice inerme
en un extraño
y remoto escenario.

¿Y qué pasará
si no llegamos
al olvido
o luego de
años enteros
se mezclen
dubitativos
nuestros
disímiles
senderos?

Será el comienzo
de mi penumbra
y quizá descubra
que fue
un sonado fracaso
seguir tu obtuso
y cambiante rumbo
hasta un incierto
o estéril ocaso.

NO PUEDO AMARTE MÁS

Pensé que no tendría
una hiperbólica
frontera
el amor que siento
por esa bella mujer
pero al analizar
su malévolo atardecer
intuyo que no debería
a su lado continuar.

Quieres obtener
más amor
pues te crees
bella dama
pero en mi simiente
no queda ya nada
te amé
hasta la saciedad
pero se apagó
la llama
en mi tornasol
ambiente.

Exiges demasiado
y no puedo
complacerte
extrajiste
de mi cuerpo
toda su vital
energía.
¿Acaso tanto
cariño
no fue suficiente
y ahora naufragas
en una sórdida fuente
abandonada
y herida?

Frena tu
venganza ya
o tan solo
déjame en paz
prefiero
no adorarte más
y quedarme
en soledad
te di bonhomía
sin pensar
pero no fue
suficiente
por eso prefiero
esconderme
en el ocaso
y levar anclas
de inmediato
viajar por
el mundo
en una triste
orfandad
o simplemente
navegar
por nuevos
océanos.

Y si llego
a buen puerto
en un millar
de años
serás en mi mente
tan solo
un difuso recuerdo
y a pesar
de tantos
desengaños
y fallidos esfuerzos
te adoré
con la tangente
de mi trémulo cuerpo.

NO PRETENDAS CULPARME

No me acuses
con saña
por esas
inexorables derrotas
que acompañan
tu infértil vida
desde el siglo
pasado
no dejé tu ser
abandonado
ni sumé
para que perdieras
tu dudoso honor
en esa cruenta batalla.

Debes aceptar
la culpa entera
por tan malas
decisiones
para claudicar
tuviste sus razones
y hoy lloras más allá
de tus fronteras.

Entraste
premeditadamente
en un odio profundo
contra seres acendrados
que anhelaban
estar contigo
y ahora sufres
un tremebundo castigo
por actuar de mala fe
e inmolar a tus amigos
pérfidamente
en un segundo
por tus ansias de poder.

No descargues
en mí
tus amargas
decepciones
el desprecio
o el oprobio
me alejé presuroso
de tu lado baladí
por un sinnúmero
de oscuras
razones
no quise
ser pararrayos
de tu exacerbado
y profundo odio.

Sobrepasaste la frontera
de una enigmática cordura
tu senda rayaba
en locura
y ahora maldices
el ominoso final
de tu equívoca ladera.

No me hagas partícipe
de esa vida tan soez
ni de tus evidentes
y constantes desaciertos
acepta de una vez
tus oscuros yerros
ofrece a personas
inocentes
tus más sentidas
disculpas
o regresa
al oscuro averno
a expiar tus míseras
y merecidas culpas.

¿QUIÉN TE DIJO?

¿Quién dijo que sin ti
mis noches son yermas
que vegeto en la penumbra
y sufro mucho a oscuras
porque hace una década
como tonto te perdí?

¿Te mencionaron
que mi corazón palpita
que buceo en mis cenizas
buscando una opaca sonrisa
con inusitado frenesí?

¿Te contaron que espero
el divino momento
de nuestro próximo encuentro
sin apenas sonreír?

Caíste en un burdo ardid
porque al llegar la mañana
amaneceré en otras tierras
y de allí no pienso salir.

Reclama a las chismosas
por perversamente
involucrarte
en mentiras peligrosas
pretendieron sin dilación
convencerte de un falso amor
y lograron engañarte.

Vivimos en mundos paralelos
me alejé de ti para siempre
tengo alguien
a quien venero
y con devoción me espera
al otro lado del oriente.

¿Quién expresó
que aún
te necesito?

Es una cruel mentira
perdida en lontananza
o anclada
en el infinito
ni siquiera
te ofrecería
una ínfima
esperanza.

Absurdamente
me perdiste
al llegar
la penumbra
y no volvería
a tu mundo
por oro ni otros
valiosos minerales
te ganaste
un odio profundo
por traicionar
mis ideales.

Desaparece
de mi vista
olvida tenues
sentimientos
navego feliz
a barlovento
y ni forrada
en amatistas
en mi vida
te quiero.

ESCUCHA MI CORAZÓN

Escucha el fragor
del corazón
sumérgete en sus latidos
las campanas tañen por ti
te abrazan con frenesí
con inusitada pasión.

Pienso cada segundo
en tus rubios cabellos
en aquellos ojos bellos
que encendían mi mundo
y el fuego de nuestro lecho.

Oye sus tenues acordes
funciona tan solo por ti
ocupas todos los bordes
de mi resiliente pecho.

Me encanta ese terso rostro
mi cuerpo transpira
tu fragancia
te adoro a pesar
de la distancia
que Dios puso entre nosotros.

Quizá no vuelvas pronto
por eso escucha las notas
del audio de mi corazón
palpita con fervorosa pasión
sumido en ondas remotas.

Y si algún día regresas
lee mis íntimos versos
son parte
del universo
que vibra
por su princesa.

Me hallarás
entre la nada
pero prometí
que esperaría
hasta la última
pulsación
aunque dejara
olvidada
la mitad
de mi vida.

Y si no vienes
hacia mí
por alguna
oscura razón
escucha
al menos
noche y día
el latir
de mi
desventurado
corazón.

CICATRICES DE AMOR

Llevo en el fondo
del alma
innumerables cicatrices
de cariños sutiles
como la niebla
de amores tempestuosos
surgidos de las tinieblas
que marchitan la calma.

No son sentimientos
medianamente buenos
algunos son enfermizos
y otros asfixian con furor
porque con su veneno
nos dañan sin pudor.

No es posible escoger
un sacro y melifluo amor
porque algunos
llevan implícitas
amarguras pasadas
llevan penas huracanadas
y destruyen a su pareja
con inigualable rencor.

No vivirás en armonía
porque los humanos
nos abruman con sus penas
y no hay garantía
de una mujer buena
en este lado de la vía.

Todos llevamos las huellas
de amores falsos o fallidos
de traiciones sin sentido
o tristezas que marcharon
más allá de las estrellas.

No pretendas
que esté libre
de sonados
fracasos
caí inerme
en sus brazos
y mi vida
fue insufrible.

Solo comprende
mis males
desde el inicio
del mundo
no hay amores
angelicales
peleamos por
cosas banales
y ahora estoy
moribundo.

Acepta mis
grandes heridas
algunos amores
lastiman
dejan marcas
imborrables
en la médula
de la vida
y son inmanejables.

Quiéreme
a pesar
de mis derrotas
pasé muchas
noches ignotas
huyendo de un
mal destino
y terminé en soledad
me ha costado desertar
de ese extraño laberinto.

BENDITA IRRUPCIÓN

Irrumpiste presurosa
en mi pusilánime vida
sin previo aviso
destruyendo irreverente
sus endebles cimientos
llegaste preparada
para esa audaz movida
carecías de permiso
para allanar mis sentimientos
o compartir
mi íntima morada.

Pusiste todo de cabeza
ordenaste la simiente
de mis exiguos pensamientos
mutaste vanos sentimientos
anclados en la fortaleza
de mi desdichada mente.

Luchaste de la alborada
hasta el ocaso
por organizar la anarquía
de mi obnubilado paso
cambiaste un turbio pasado
por resilientes alegrías
y apagaste las miríadas
de inminentes fracasos.

Mi ser se resistía
a cosas buenas
pues se acostumbró
a batallar en soledad
hiciste que cambiara
mi absurda verdad
pues torpemente
me inmiscuía
en ridículas condenas.

Destrozaste
sin piedad
cada átomo
de mi ser
te convertiste
en fuerte deidad
y empezaste
con tu láser
a reconstruir
una endeble paz.

Volví a navegar
en calma
pues esa áspera
irrupción
restauró mi
mancillada alma
generando una mejor
e inigualable versión
.

Han pasado
varios años
de esa disruptiva
invasión
que destruyó
la opresión
de mis tristezas
de antaño.

Ahora tengo
corazón
para amarte
sin medida
hasta que llegue
el día
de mi inexorable
defunción.

NOCHES SIN FINAL

He gozado a tu lado
de noches sin final
cuando el éter
queda anclado
en una tarde
primaveral
con su ritmo
acompasado.

Oteo la luminiscencia
de tus ojos pardos
tratando de explorar
los secretos de la mente
olvido los sobresaltos
de mi ilógico presente
y comienzo a soñar.

Te amo en demasía
y quiero que esas noches
sean de eterna alegría
para gozar sin reproches
de un cariño intenso
pleno de sabiduría.

Te abrazo
con infinitas ganas
en la breve intimidad
del iridiscente lecho
entre arreboladas
sábanas
fusionamos nuestros
ansiosos cuerpos
y vibran almas
infrahumanas
hasta insuflarnos
el pecho.

Pasamos días
enteros
en sempiterna
adoración
gozamos noches
de incontenible
pasión
de suspiros
apasionados
sentimientos
diversos
e inexorable
expectación
porque al unir
nuestros espíritus
edificamos sinceros
el glorioso universo
de una sólida unión.

Tomamos unidos
serias decisiones
entrelazamos
en silencio
recíprocos
sentimientos
fundimos
dos corazones
y juramos en dueto
amarnos
en todo momento
sin brindar
explicaciones.

Nos prodigamos besos
henchidos de gozo
hasta la saciedad
y esos íntimos nexos
hacen que esta noche
de sentimientos convexos
no se acerque a su final.

BREVEDAD DE LA EXISTENCIA

Al término
del camino
descubrí
con desilusión
que el tiempo
es tan breve
y no hay nada
que te lleves
a tu oscuro nicho
en el panteón.

Adornamos
nuestro perímetro
para un mejor vivir
sin pensar que el existir
en el planeta es efímero.

Trazamos cosas irreales
en insondables paraísos
son instrumentos banales
que bifurcan el camino
y nos llevan al abismo.

Cuando una inclemente vida
inexorablemente
se marchita
y no vemos los avances
de una fingida realidad
añoramos aventuras bonitas
acaecidas mucho antes
pero ya no hay posibilidad
de repetir tiernos romances.

Azorados rogamos al cielo
por minutos adicionales
para cumplir viejos anhelos
o logros individuales.

Pero la existencia
es fugaz
y como lava
entre volcanes
su fulgor
se difumina
cada segundo
se termina
y decrecen
nuestros afanes.

Quiero tiempo
para amar
y disfrutar
un futuro perfecto
junto a mis bellos hijos
sentir la ternura
de los nietos
en un luminoso
despertar.

Pero la supervivencia
escueta
en un soplo
se termina
huyo de su tiranía
rogando por más alegría
o tiempo en el planeta.

Un inclemente destino
no atiende mi plegaria
no soy más
que un paria
que naufraga
en el abismo engañoso
del fracaso
y con irracional
desatino
me refugio
en el ocaso.

CAMINOS PARALELOS

Por más que luché
para trazar un destino
y no quise aprender
a vivir en soledad
pues consideraba
que juntos envejeceríamos
me quedé ausente
en un tortuoso camino
subsistiendo sin ti
pues ni siquiera
una breve respuesta
a mi clamor recibí.

Si amarnos fue un fraude
pues aquellos inicuos
y espurios sentimientos
se quedaron en ofrenda
al final del sendero
¿Por qué debo
seguir tu vil senda
si el rumbo es oblicuo
y erróneamente paralelo?

¿Cuáles son tus intereses
para ver
si en la penumbra
salgo de las catacumbas
y de una vez por todas
a mi lado regreses?

Es infame descubrir
casi al final de la vida
que todo fue una mentira
que nunca fuiste
la mujer querida
e íntimamente juntos
no podremos coexistir.

No quiero
reconocer
en este nublado
instante
que nuestros
caminos
son equidistantes
calcinaste
mi destino
y no me quieres
socorrer.

Pensé
alguna vez
con enorme
ingenuidad
que era importante
en tu abyecta vida
pero justamente hoy
me desengañaste
no había
reciprocidad
pero sí
mucha alevosía
y no me queda
otra vía
que pasar
mi vejez
en un alejado
planeta
esperando
que aparezca
una preciosa
princesa
que de nuevo
ilumine
mis desconsolados
y flébiles días.

VIVIR EN TÍ

Quisiera vivir
en tu corazón
todos los días
del mundo
ver cómo florecen
tiernos sentimientos
sentir dentro
de tu pecho
la marcha implacable
del viento
con inaudita pasión
aunque sea un
glorioso segundo.

Añoro alcanzar
un divino instante
para así escudriñar
los secretos
de tu mente
intentando descifrar
tu cerebro iridiscente
y con el alma
anhelante
comenzar sin dilación
a fundar
las bases
de una
sólida creación.

Permíteme al final
de mis aciagos días
vivir inmerso en ti
hasta hacerte sonreír
y ver la renovación
de tu esperanza virginal
colmarte de alegrías
y ser tu inspiración.

Quizá no tenga
derecho
pero me animo
a pensar
que al final
de ese trecho
me volverías
a amar.

Y si eso sucede
me aferraría
desesperado
a tu noble
corazón
viviría
enajenado
en tu hiperbólica
alegría
pues tu alma
pura
me concede
fundirme
a su contorno
eres mi adoración
mi inefable
ternura
y viviendo
azorado
en tu melifluo
entorno
alcanzaría
sin duda
una eterna
salvación.

DÍAS GRISES

Cada vez que descubro
una turbia nostalgia
y una tristeza infinita
reflejada en tus ojos
acrecentando
las heridas leves
y causando amores
en revés
por noches malditas
y días sin magia
con abundantes despojos
y tardes intermitentes
que llenan de dolores
tu existencia
mi ser se conmueve
por tu nefasto presente.

Pareciera que un traspié
del destino indomable
se ensañó con las mujeres
y descargó su furia
absurdamente completa
como si fueras culpable
de todas las penurias
que atenazan a seres
innobles del planeta.

Tu energía tornasol
se va diluyendo
en una triste soledad
despareció del rostro
su tenue rubor
y la sempiterna alegría
de tus iris se opacó
porque la tristeza
comenzó a merodear
en aquellos grises días.

Observo
tu semblante
pleno de aflicción
y el rictus
doloroso
de un supremo
instante
te eleva
a una región
de sufrimientos
tortuosos
las penas
que atenazan
a tu alma
incomprendida
incesantemente
la amenazan
hasta que llegue
su partida.

No te culpes
por todo
hay seres
irrelevantes
que se ensañan
con sus semejantes
y en su éxodo
a todos engañan
dejándolos
en un instante
incrustados
en el lodo.

NAVEGO A LA DERIVA

Deserté de tu oquedad
completamente a oscuras
inmerso en cruel agonía
cargando penas sacrílegas
vividas en tus
infértiles llanuras
que deja sobre
el alma mía
toneladas de soledad.

Desaparecí
como un cobarde
dejando en llamas
tu precaria vida
mi pecho de rabia
hoy se inflama
al caer cual una tarde
que no roza la alborada
y por esa mala movida
derramé toda mi savia.

Quedé seco
como yesca
murieron sentimientos
huiré por los recovecos
antes de que amanezca
y los rayos del sol
marcarán en tus cimientos
el eco de un adiós.

Me ausenté dejando
profundas heridas
abandoné un hogar
desechando esperanzas
y me pierdo en lontananza
ella se queda desvalida
con su futuro al azar.

Desaparezco
en lejanía
abandonando
crueles derrotas
desechando
una vida
de desventuras
ignotas.

No pienso
regresar
aunque eso
signifique
morir
en soledad
o que mi endeble
barca
se vaya
a pique.

Surco el océano
sin rumbo fijo
no diviso
el horizonte
ya tu alma
me maldijo
y en un sueño vano
perdí hasta mi norte.

Me quedé al pairo
triste y
meditabundo
estoy perdido
en el mar
y aunque
por ella suspiro
cada mísero
segundo
no pienso
jamás regresar.

SOMOS DIFERENTES

Somos muy diferentes
en nuestra forma de vivir
y en la manera de amar
a veces nos queremos unir
y en épocas irreverentes
nos deseamos separar.

Llevas una existencia
supremamente intrincada
ignoro en esta ocasión
si necesitas mi presencia
o soy un ente de la nada
objeto de tu predilección.

Al despuntar la aurora
suspiras por mí
en el día no apareces
y al llegar la noche
dices que me adoras
pero viertes tus reproches.

No ofreces seguridad
tu andar es transitorio
a lo ancho del planeta
sin asomo de humanidad
ni una pizca de respeto
posees un repertorio
de infames jugarretas.

No sientas cabeza
te burlas de la gente
y esa vil naturaleza
que te impulsa a conseguir
a toda costa lo que sea
mucho me molesta
y prefiero sin demora huir
de tu infame presente.

Pero si marcho
apresurado
corres tras
mis pasos
implorando
que vuelva
prontamente
a tu lado.

¿Crees que voy
a seguir
por siempre
con tu juego
o que mi vida
sin ti
ha llegado
a punto ciego?

No me busques
más
sigue tu rumbo
oblicuo
nunca vas
a cambiar
la vida
es corta
no te voy
a esperar
vete y contamina
la senda
de otra
inocente persona
no quiero
tu ser inicuo
basta ya
de agraviar
me considero
un hombre
pleno
y de verdad.

UNA EFÍMERA FLOR

Llevas en tu interior
la frescura otoñal
de una efímera flor
que nace
en la brevedad
de los montes
y que recibe
cada mañana
la luz del sol
que hace renacer
sus horizontes
pero esa
asidua visita
con el paso
del tiempo
su belleza profana
y la marchita.

Respira belleza
el sutil contorno
de tu etérea silueta
y eso me deleita
eres obra perfecta
que ilumina el entorno.

Pero olvidas
plena de inocencia
que con el tiempo la vida
de un fugaz capullo
pierde su iridiscencia
la belleza y el orgullo.

¿Nadie ofreció a esa rosa
agua para renacer
o ternura milagrosa
para no
dejarla envejecer?

¿Por qué
se marchitaron
y huyeron
de tu jardín
el brillo
de tus pupilas
las sublimes
alegrías
y cálidas noches
sin fin?

El rumbo
del tiempo
es inclemente
y tenaz
su ocaso
no llega lento
alcanza pronto
el fin
del camino
y acelera
el compás
de un breve
destino.

Se marchitan
las moléculas
de un rostro
triste y cerúleo
ya no eres bella
se apagó
el brillo
de tu estrella
y el súbito frío
que en tu ser
habita
estremece
el núcleo
de sus mórbidas
células.

LAS LOCURAS DEL AMOR

Hoy entablamos un diálogo
melancólico y sincero
escudriñamos el decálogo
de un acendrado cariño
que habita nuestro templo
y no sabemos si es verdadero
si son ilusorias ambiciones
o tan solo simples guiños
de una nefelibata alma
que vive en dos corazones.

Creo estar enamorado
porque no quiero
dormir esta noche
ya que después
de un cruel pasado
es la primera vez
que la realidad es mejor
que los más bellos
y anhelantes sueños.

Y si por aquellos azares
de un trágico destino
no lograras experimentar
un sentimiento divino
amaré por los dos
con los destellos vitales
de mi terco corazón.

Podría darte mil razones
para explicar
mi ternura
pero nuestro amor
es tan completo
que todas las locuras
que cometo
se pueden justificar.

Mañana tienes
que marchar
y me dejarás
solo en altamar
pero el tiempo
sagrado
ni esa corta
ausencia
tienen algún
significado
cuando amas
con paciencia.

Esperaré sereno
por ti
sabiendo
que tu lucero
iluminará
la soledad
de mi camino
que solo
en dueto
labraremos
un destino
que mi loco
cariño
a tu alma
irá tatuado
y no se
despegará
de tu místico
lado.

FRÍO EN EL CORAZÓN

Amanecí
entre brumas
sumergido
en el mar
atado a sus espumas
atónito no determino
si estoy en otra vida
o me acompaña
en un vacío camino
tu insólita mirada
que me insta
de inmediato a soñar.

No puedo moverme
siento el torso aterido
y mi ser no entiende
si todavía existo
o si naufragué inerme
en un país desconocido.

¿Y por qué
tanto frío
siento en el corazón
de mi inhóspita
comarca
si estoy contigo
y me acompaña
tu silente
respiración?

¿Acaso
desfallecen
mis inaudibles
latidos
o tan solo
desaparecen
mis cinco sentidos?

Ocurre que a veces
aunque esté
presente a mi lado
ella no ofrece
esperanza
ni verdad
porque no es lo mismo
amor que compañía
nos quedamos esperando
la inconfundible epifanía
de un áureo
romanticismo
pero la arrebolada beldad
que me acompaña
por dentro está vacía.

Ahora entiendo
el frío
que vilmente atenaza
el núcleo
de mi alma
ni siquiera
existe albedrío
en esa frágil
silueta
y su aura
incandescente
pronto pierde
la calma
en un iridiscente
y melancólico
planeta.

Solo me queda
seguir en orfandad
buscando el amor
en otros lares
para así maquillar
con aires otoñales
mi atribulada realidad.

TRISTEZA Y SOLEDAD

Ese semblante que portas
con mucho desencanto
y que no puedes esconder
a pesar de un gran temor
corroe sin tregua tu ser
hace copioso tu llanto
y evidencia un desamor.

Careces de energía
para medio batallar
contra esa soledad
es una triste elegía
que seguro llevarás
hasta la eternidad.

Navegan los sollozos
por tu afligida faz
y una agonía fatal
afecta noche y día
tu débil universo
esa inmensa tristeza
te quiere ahogar
porque el dolor
atenaza el cuerpo
lo divide en trozos
y el dolor perverso
desmorona tu paz.

No sientes la compañía
de tu venerado Dios
porque has perdido la fe
y las ganas de luchar
estás desconectada
de una remota realidad
y sientes que tu vida
se acerca en demasía
a un tormentoso final.

Un triste
desconsuelo
sumado
al desamparo
te atormentan
sin cesar
y es tan
irónico
que hace solo
dos años
vivías con un ser
icónico
y no te querías
separar.

Ojalá que ese
destierro
sea enseñanza
de vida
y permita
descubrirte
en tus ínfimos
detalles
para que dejes
el encierro
y quedes
bien protegida.

Olvida el mundo
de cristal
que a tus pies
se desmoronó
ignora a ese
bastardo
busca tu balance
espiritual
pues mereces
el calor
de un hombre
fiel y gallardo.

UNA ESTÉRIL RELACIÓN

Empezamos
a amarnos
sin demasiadas
ilusiones
no querías
comprometerte
luego de tantas
decepciones
querías llegar
al occidente
y yo quedarme
aislado
en mi remoto
continente.

Una relación añeja
a nadie favorece
pues cada uno
lucha por su beneficio
sin pensar
en su pareja
cae velozmente
en un profundo
precipicio
y derruidos nos deja.

Intenté abrir su corazón
y convencerla de su error
pero no primó la razón
y sobrevino el adiós.

Ella no quiso entender
que el cariño es de dos
que la vida se hace fácil
si juntos nos apoyamos
nos tomamos de la mano
para avanzar y crecer.

Ahora vagas
por el mundo
añorando
mi presencia
pero el desencanto
sufrido
es demasiado
profundo
y por más
que supliques
no llenaré
tu existencia
con mis íntimos
latidos.

ACENTO DESCONOCIDO

Amas de forma inusual
como si tu amor primigenio
proviene del lado espiritual
de un escondido universo.

Ese fiel cariño denota
que vienes de otro mundo
o de una región ignota
de un planeta moribundo.

Quizá divago en un instante
cuando miro ensimismado
tu luminoso semblante
que me tiene hechizado.

Adoro tus bellos ojos
de pupilas iridiscentes
que se postran de hinojos
y mis átomos conmueven.

Pronuncias tiernas palabras
con acento desconocido
por eso la emoción
dulcemente me embarga
y acelera mis latidos.

¿Llegaste de otro mundo
incomparable princesa
o tu amor es tan profundo
que por siempre
me embelesa?

¿Cómo llegaste a mi vida
y penetraste mi entorno?
Te siento muy adherida
a lo profundo del pecho
y delimitas su contorno.

¿Por qué mi alma
se apertura
cuando posas
en mi boca
tus labios de miel
tan pura
que tanta pasión
provocan?

¿Vienes del núcleo
de la Tierra
o llegaste
con esmero
para curar mi espera
desde un universo
sutilmente paralelo?

Quédate
en mi planeta
llena mis tristes
madrugadas
con tu adorable
presencia
por favor
nunca te vayas
el espíritu
te venera
porque alivias
mi conciencia
y la mantienes
íntimamente
ocupada.

CUANDO EL AMOR MUERE

Después de media vida
disfrutando un bello amor
el destino con envidia
de mi lado la apartó.

No siempre
el amor acaba
por eventos terrenales
ni tampoco termina
por traiciones
crueles desdichas
o infidelidades.

El Omnipresente decidió
en forma prematura
y sin previo aviso
a su presencia la llamó.

Aquí no importó
un enorme tiempo
amándonos con pasión
ni valió un gran esfuerzo
para crear un bello amor
entre los dos.

Cuando un ciclo termina
por decisión del Señor
solo queda ser fuerte
para al menos brindar
un postrero adiós.

No se trata de clamar
con desesperanza
al oscuro cielo
queda tan solo llorar
buscando con desilusión
un ilusorio consuelo.

Sumergido en la tristeza
abrazando su féretro
con inmensa desolación
entendí que la existencia
de repente se termina
sin tener la certeza
de que su aurora
me ilumina
para llegar en su hora
a una triste expiación.

Nadie está preparado
para de súbito entregar
su alma al Creador
ni comprende
que para morir
no hace falta
ser anciano
pues solo se necesita
estar respirando
y transferir
el alma a Dios.

No siempre
el amor acaba
por una infame
y deleznable traición
el nuestro
era invencible
o eso pensaba yo
pero terminó
su breve camino
cuando el inexorable
y vil destino
su bella luz apagó.

Made in the USA
Columbia, SC
24 December 2024

48467896R00041